She Believed She [illegible]
So She Did

My Journal

She Believed She Could, So She Did
Inspirational Quote, Sunflower Design Notebook/Journal

First Edition
ISBN: 9781795146975

This Is The Personal

JOURNAL

Of

____

My Journal

She Believed She Could, So She Did

My Journal

She Believed She Could, So She Did

My Journal

My Journal

She Believed She Could, So She Did

My Journal

She Believed She Could, So She Did

My Journal

My Journal

She Believed She Could, So She Did

My Journal

My Journal

She Believed She Could, So She Did

My Journal

My Journal

She Believed She Could, So She Did

My Journal

My Journal

My Journal

She Believed She Could, So She Did

My Journal

My Journal

My Journal

My Journal

My Journal

My Journal

She Believed She Could, So She Did

My Journal

She Believed She Could, So She Did

My Journal

She Believed She Could, So She Did

My Journal

My Journal

My Journal

She Believed She Could, So She Did

My Journal

She Believed She Could, So She Did

My Journal

My Journal

My Journal

She Believed She Could, So She Did

My Journal

She Believed She Could, So She Did

My Journal

She Believed She Could, So She Did

My Journal

My Journal

She Believed She Could, So She Did

My Journal

My Journal

She Believed She Could, So She Did

My Journal

My Journal

My Journal

She Believed She Could, So She Did

My Journal

She Believed She Could, So She Did

My Journal

My Journal

She Believed She Could, So She Did

My Journal

She Believed She Could, So She Did

My Journal

She Believed She Could, So She Did

My Journal

My Journal

My Journal

She Believed She Could, So She Did

My Journal

She Believed She Could, So She Did

My Journal

My Journal

She Believed She Could, So She Did

My Journal

She Believed She Could, So She Did

My Journal